HIPPODROME

LA CRIMÉE

GRANDE PANTOMIME MILITAIRE.

En deux actes, avec intermèdes équestres.

Représentant le Débarquement des troupes françaises à Vieux-Forts
et la Bataille de l'Alma.

Par M. ARNAULT aîné.

LA CRIMÉE

Grande pantomime militaire

En deux actes, avec intermèdes équestres,

Représentant le Débarquement des troupes à Vieux-Fort et la
Bataille de l'Alma

PAR M. ARNAULT AINÉ.

Prix : *quinze centimes*.

PERSONNAGES FRANÇAIS.

GÉNÉRAL EN CHEF......... .... MM. LÉON.
GÉNÉRAL de division................·........ STINBERG.

AIDES-DE-CAMP.

CAPITAINE des Guides....... Mmes AMÉLIA et CHARLOTTE.
    Id.   des Hussards...... MONTLAHUC.
    Id.   des Lanciers..... JULIA et MARIA.
    Id.   des Carabiniers.... MM. ÉDOUARD.
    Id.   des Cuirassiers. .. JOSEPH D.
    Id.   des Spahis....... JULES et LÉON.
SOUS - LIEUTENANT porte-
          étendard...... MARTIAL.
OFFICIERS D'ÉTAT-MAJOR... Mmes CONSTANCE et LUCIE.
    Id.   id.   ... ESTELLE et ANGELINA.
CAPITAINE DE VAISSEAU.... M. MONNET aîné.
ENSEIGNE DE VAISSEAU. ... Mlle MARTHE.
Cantinière.................... Mlle LUCIE.
Matelots et mousses.

Soldats de marine, soldats d'infanterie, de cavalerie et d'artillerie.

PERSONNAGES ANGLAIS.

GÉNÉRAL EN CHEF...................... M. GOLTZ

AIDES-DE-CAMP.

CAPITAINE des Dragons......... MM. MONNET jne.
   Id.   des Gardes-du-Corps.   FILHOL et LORIER
   Id.   des Lanciers......... VIELLE.
OFFICIER d'État-Major........... { Mmes CHEVALIER.
                               LANCELLE et ANITA.
 OFFICIER de marine .... M. WILLIAMS.
Soldats d'infanterie et de cavalerie.

PERSONNAGES RUSSES.

GÉNÉRAL EN CHEF........... M. BOUTEILLIER.

AIDES-DE-CAMP.

CAPITAINE des Grenadiers à cheval de la
        garde.................... MM. JAMES.
    —   des Cosaques de la garde.... AMÉDÉE jeune.
    —   des Tatars de la garde........ LENOIR.
CAPITAINE des gardes de l'Impératrice... DUHAMEL
OFFICIERS d'État-Major...... .... { Mmes LÉONIE.
                               JOSÉPHINE.
Cantinière........................... Mlle PAULINE.
Soldats d'infanterie et de cavalerie.
Paysans Tatars. MM. Muffat, Lamour, Martial, Aimable, Lopez et
   Violat.
Paysannes Tatars, Mmes : Flore, Ambroisine, Clara, Clotilde,
   Alexandrine, Clara, Juliette, Alice Petit, Esther, Alix. Na-
   thalie, Facinelly.

PERSONNAGES TURCS.

CAPITAINE......................... M. STILBERG jeune.
OFFICIERS d'État-major.............. Mmes JULIETTE
                                 ALIX.

Soldats d'infanterie et de cavalerie

ACTE PREMIER.

Le théâtre représente la mer. — Au premier plan, des huttes de pêcheurs Tatars adossées aux ruines du Vieux-Fort; au deuxième plan, un vaisseau à trois ponts français; au fond, les flottes alliées; à l'extérieur, deux maisons de pêcheurs.

SCÈNE PREMIÈRE.

Des paysans et paysannes Tatars sont poursuivis par deux cosaques maraudeurs, ils fuient et se renferment dans leurs maisons. Les maraudeurs sont surpris par le service des avant-postes. Le chef leur fait appliquer le knout. Malgré cette correction, ils quittent leurs postes et entraînent plusieurs de leurs camarades, qui viennent avec eux enfoncer les portes et frapper les gens. Après avoit tout dévasté, ils emploient la violence envers une jeune fille, qu'ils veulent enlever.

SCÈNE DEUXIÈME.

Des matelots et des soldats français sont rangés sur le pont du navire; d'autres sont occupés à mettre un canot à la mer, où six d'entre eux prennent place.

On entend battre aux champs; les sentinelles crient aux armes et font feu sur les vedettes russes, pendant ce temps le général traverse le pont du navire, se dirigeant vers le canot dans lequel il descend, tenant à la main le drapeau Français.

La barque s'éloigne aux cris de vive la France! Le général fait un dernier signe d'adieu aux officiers du bord et s'éloigne le drapeau déployé à la main aux cris de nouveau répétés de vive la France!

SCÈNE TROISIÈME.

Le général saute à terre avant que le canot ait touché le sol de Crimée. Il y plante le drapeau Français aux cris de

— 4 —

vive l'Empereur! Ces cris sont à peine répétés par les matelots et soldats du bord, que l'on voit les tirailleurs russes s'avancer, ils sont soutenus par de l'artillerie et de l'infanterie. Les troupes de débarquement leur opposent des feux de pelotons et le feu des batteries du navire *le Henri IV;* les russes battent en retraite sur un ordre d'un officier d'état-major, qui arrive au galop; les alliés restent maîtres de la côte.

SCÈNE QUATRIÈME.

Les Tatars sortent de leurs habitations et viennent offrir au général des fruits et des fleurs. Le général est prié de prendre part à une collation qui est improvisée et servie par les plus jolies filles du pays.

Les officiers et soldats de la flotte, qui ont eu le temps de débarquer sur la rive voisine, arrivent en foule et prennent part à la fête.

DIVERTISSEMENT ÉQUESTRE.

LE BALLET DES NATIONS,

PAR

L'ITALIE......	Mmes AMÉLIA....	et	MM.	GOLTZ.
LA HONGRIE..	ANGÉLINA..	et		JULES.
LA FRANCE...	LANCELLE..	et		LELOIR
LA TURQUIE..	CONSTANCE.	et		JACOB.
LA SUISSE....	JULIA.......	et		VIELLE.
L'ESPAGNE...	DARCY......	et		HENRY.
L'ECOSSE.. ..	SILVIA.....	et		FILHOL
L'EGYPTE....	LÉONIE.....	et		DUHAMEL

ACTE SECOND.

Le théâtre représente, au premier plan, la route de la Katcha; au deuxième
plan, celle de Sébastopol; au troisième, des rochers et une chûte d'eau;
au fond, un coucher de soleil. A l'extérieur est la rivière et la montagne de
l'Alma; à droite, le village de Bourliouk; à gauche, le télégraphe.

SCÈNE PREMIÈRE.

Des vedettes russes sont placées en surveillance; elles sont
soutenues par de petites et grandes gardes. L'armée est
massée en arrière de ses batteries.

SCÈNE DEUXIÈME.

Un peloton de dragons anglais et de chasseurs d'Afrique
sont simultanément lancés en avant. Ils chassent les vedettes russes de leurs positions. A leur approche, les petites
gardes se retirent sur les grandes et se forment ensemble
en carré pour recevoir le feu de la cavalerie ennemie. Après
cette charge, un détachement de cavalerie russe se lance
à sa poursuite sans pouvoir l'atteindre, et revient à sa place
de bataille.

SCÈNE TROISIÈME.

Le général Menschikoff, suivi de ses officiers d'ordon-
nance, s'élance au galop sur la crête de la montagne. Il donne

ordre à ses officiers pour que les troupes reprennent leurs positions primitives.

SCÈNE QUATRIÈME.

Les armées combinées s'avancent. Les Français attaquent la gauche et le centre, tandis que les Anglais attaquent la droite et s'emparent du village de Bourliouk, et s'y soutiennent par un feu bien nourri.

Les zouaves succèdent au régiment qui a attaqué de front. Ils chargent individuellement à la baïonnette; l'un d'eux se trouve cerné près de la rivière par deux tirailleurs russes, il soutient dignement ce combat d'un contre deux; après avoir jeté dans la rivière le dernier, il s'empare de son drapeau et vole au secours des autres zouaves qui gravissent la montagne comme des lions, et tournent ainsi la position de l'ennemi.

Le 39ᵉ de ligne charge à son tour. On voit, à la tête de ce régiment, le porte-drapeau qui s'élance sur le télégraphe, y plante son drapeau et meurt en brave.

La réserve de l'armée turque avance et vient se masser en arrière de ce régiment.

Les troupes qui ont attaqué de front arrivent sur la crête de la montagne en même temps que les zouaves. L'ennemi, pris de tous côtés, abandonne sa position et se retire en désordre; il est poursuivi à outrance par les zouaves et les francs-tireurs jusqu'au-delà de la Katcha. Ils font bon nombre de prisonniers, qui sont amenés en trophée.

Pendant cette action, les généraux français et anglais arrivent au galop, suivis de leur état-major ils prennent position sur la crête de la montagne, à la même place qu'occupait une seconde auparavant le général Menschi-koff. Là, ils jettent un dernier regard sur la plaine à l'aide d'une longue vue. O bonheur! la victoire est gagnée!

Le général met le chapeau bas et crie : Vive la France, vive l'Angleterre!

Ces mots sont répétés par les troupes. On entend l'air :

La Victoire est à nous.

DÉFILÉ GÉNÉRAL.

FIN.

Paris. — Imprimerie d'Aubusson et Kugelmann rue Grange-Batelière, 13.

PARIS,
Imprimerie d'Aubusson et Kugelmann, rue de Grange-Batelière, 12.